AF454945

586 Chambre des Commissaires-Priseurs
Envoi à la Bibliothèque Nationale

VENTE PAR SUITE DE DÉPART

HOTEL DROUOT, SALLE N° 7

Le Samedi 24 Décembre 1898

A 2 HEURES

JOLI MOBILIER

De Style et de Fantaisie

OBJETS D'ART ET DE VITRINE

Bronzes, Porcelaines, Émaux, Bijoux

TABLEAUX

DESSINS, AQUARELLES, GRAVURES

LIVRES

Commissaire-priseur : **Me G. DUCHESNE,** 6, *rue de Hanovre*

Experts :

M. A. BLOCHE
28, rue de Châteaudun, 28

M. E. JEAN-FONTAINE
30, Boulevard Haussmann, 30

EXPOSITION PUBLIQUE

Le Vendredi 23 Décembre 1898

DE 2 HEURES A 6 HEURES

CATALOGUE

D'UN

JOLI MOBILIER

De Style et de Fantaisie

Salon, Salles à manger, Chambres à coucher, Cabinets de travail et de toilette, Vitrines, Tables, Glaces, Écrans, Bibliothèque, Consoles, Coffres, Paravents, Sièges divers.

Piano de Gaveau, Belle horloge en bois sculpté

OBJETS D'ART

Porcelaines de Sèvres, d'Allemagne, de Chine et du Japon. Faïences anciennes, Bronzes, Émaux cloisonnés.

BIJOUX, OBJETS DE VITRINE

TENTURES

BICYCLETTE, MACHINE A ÉCRIRE

TABLEAUX, DESSINS, AQUARELLES

LIVRES

DONT LA VENTE AURA LIEU

Par suite de départ

HOTEL DROUOT, SALLE N° 7

Le Samedi 24 décembre 1898, à 2 heures

Commissaire-priseur : Me G. DUCHESNE, *6, rue de Hanovre*

Experts :

M. A. BLOCHE	M. E. JEAN-FONTAINE
28, rue de Châteaudun, 28	30, Boulevard Haussmann, 30

Chez lesquels se distribue le présent Catalogue.

EXPOSITION PUBLIQUE

Le Vendredi 23 Décembre 1898, de 2 à 6 heures

CONDITIONS DE LA VENTE

Elle aura lieu *expressément* au comptant.

Les acquéreurs paieront *cinq pour cent* en sus des enchères.

L'exposition mettant le public à même de se rendre compte de l'état et de la nature des objets, il ne sera reçu aucune réclamation une fois l'adjudication prononcée.

6925. — Paris. — Imprimerie Commecy, rue Bergère, 7.

DÉSIGNATION

MEUBLES

1. — Grande bergère Louis XVI en noyer sculpté, couverte en soierie crème brochée à fleurs.

2. — Petite table étagère en vernis dit de Martin, à fleurs.

3. — Autre table en tôle peinte, à médaillons d'amours sur fond vert, pieds dorés.

4. — Grande vasque en porcelaine de Chine, décor à cartels de fleurs sur fond brique. socle en bois de fer sculpté à dessus de marbre.

5. — Meuble vitrine, le dessus à étagère en noyer sculpté, orné de glaces biseautées.

6. — Ameublement de cabinet de travail, en noyer sculpté à rehauts d'or, montants à têtes de lions, couvert en étoffe de soie verte, composé d'un canapé, deux fauteuils et deux chaises.

7. — Tabouret de piano en noyer sculpté rehaussé d'or, dessus en soierie et peluche grenat.

8. — Tabouret de piano en bois noir, dessus en soierie et peluche.

9. — Casier à musique, en palissandre noirci.

10. — Écran en bambou et peluche brodée.

11. — Bibliothèque à deux portes, en poirier sculpté et noirci.

12. — Coffre-fort de la maison Bergeot.

13. — Cartonnier en acajou formant pupitre.

14. — Jolie console Louis XVI en bois de rose et palissandre, bandeau et pieds en marqueterie à fleurs, garnie de bronzes, dessus en marbre gris.

15. — Ameublement de chambre à coucher en palissandre, composé d'un lit de milieu, d'une armoire à glace biseautée et d'une toilette-commode, style Louis XVI.

16. — Deux tables de nuit en bois sculpté, montants et pieds tors, style Louis XIII.

17. — Belle horloge en noyer sculpté, forme gaîne ornementée, le haut à guirlandes, style Louis XVI.

18. — Deux fauteuils en bois sculpté, les dossiers avec panneaux anciens représentant le Printemps et l'Automne.

19. — Porte-manteau en noyer sculpté, à fond de glace, style Renaissance.

20. — Deux escabeaux, en bois sculpté, style XVIIe siècle.

21. — Deux chaises Louis XV, en bois sculpté et doré, à fleurettes, couvertes en ancienne soierie vieux rose brochée à festons fleuris.

22. — Piano droit en palissandre noirci, de chez Gaveau.

23. — Grande vasque en porcelaine d'Imari décor rouge, bleu et or, sur socle en bois sculpté de Chine.

24. — Petite commode en thuya et marqueterie de bois, poignées et entrées de serrures en cuivre, époque Louis XVI.

25. — Petite commode de poupée en marqueterie de bois à quadrillés, époque Louis XV.

26. — Table gigogne en bois noir incrusté d'ivoire.

27. — Fauteuil avec deux coussins couverts en soierie orientale brodée.

28. — Coffre à bois en chêne sculpté, dessus en étoffe.

29. — Ameublement de salle à manger en bois sculpté, composé d'un buffet à voussure avec panneaux à sujets de chasse, d'une table carrée à trois rallonges et six chaises couvertes en cuir.

30. — Deux petits bahuts en bois sculpté forme crédences, avec ferrures style gothique.

31. — Glace biseautée avec cadre en bois orné de plaques en cuivre à guerriers et trophées militaires, style Louis XIII.

32. — Petit canapé Louis XIV en bois sculpté, à coquilles et ornements, couvert en velours de Gênes rouge sur fond grenat.

33. — Deux chaises couvertes de peluche bleue, dessus en tapisserie de soie à ramages sur fond blanc argent.

34. — Toilette en pitchpin, dessus en marbre blanc.

35. — Paravent à quatre feuilles, en satin noir du Japon brodé d'or à volatiles.

36. — Grande glace avec cadre en bambou.

37. — Fauteuil, deux chaises et une table en bois peint blanc.

38. — Bureau à dos d'âne en acajou.

39. — Armoire normande en bois sculpté, médaillons à corbeilles, époque Louis XV.

OBJETS D'ART

40. — Joli vase en porcelaine de Sèvres, fond blanc, décor en émaux de couleurs à arabesques et lambrequins fleuris dans le style oriental.

41. — Paire de vases en porcelaine de Sèvres décor flambé, panses et cols à cannelures.

42. — Beau vase en porcelaine blanche de Perse décor à inscriptions, anses ajourées.

43. — Paire de flambeaux en bronze ciselé et doré à volutes et coquilles, style Louis XV.

44. — Glace biseautée, cadre argenté formant panoplie sur fond de peluche grenat.

45. — Vase en cristal gravé et doré, monture en bronze à cariatides de femmes ailées, de la maison Giroux.

46. — Petite garniture de cheminée en bronze, patine claire et dorée, composée d'une pendule forme chaise à porteurs, terrassement à rocailles, sur socle en peluche et de deux flambeaux à figures d'amours portant des rocailles à deux lumières, signée Rancoulet, style Louis XV.

47. — Coupe sur pied en porcelaine de Sèvres gros bleu à filets dorés.

48. — Deux vases en porcelaine de Sèvres, décor fond bleu fouetté à gerbes de fleurs en doré.

49. — Trois petites glaces médaillons avec cadres en bois sculpté peint et doré, frontons à têtes de chérubins. Époque Louis XIV.

50. — Petit cartel forme lyre, en bronze ciselé et doré, style Louis XVI.

51. — Plat en porcelaine de Chine décor bleu à vase et arbuste.

52. — Plat creux en porcelaine des Indes, décor à arbustes fleuris, bordure ajourée.

53. — Deux soupières en ancienne faïence, décor à fleurs.

54. — Deux carafes hollandaises en verre gravé et à saillies.

55. — Pichet en porcelaine anglaise, décor dans le goût chinois.

56. — Coupe en faïence de Venise formée par un satyre supportant une conque.

57. — Bonbonnière forme de magot chinois, en porcelaine, de Jacob Petit.

58. — Cornet à six pans, en porcelaine de Sèvres, décor flambé dans le goût japonais.

59. — Coupe sur pied, en bronze, décor en relief représentant Mars et Vénus.

60. — Petit vase en porcelaine de Sèvres, décor imitant les poteries chinoises.

61. — Vase en porcelaine d'Allemagne, à fleurs, monture en bronze de style Louis XVI.

62. — Statuette en bronze, patine antique, le Vainqueur, de Laporte, signée.

63. — Petit lustre en bronze, disposé pour le gaz et l'électricité, à quinze lumières.

64. — Groupe en bronze, patine foncée : satyre, nymphe et enfant, d'après Clodion, socle en peluche.

65. — Deux statuettes en bronze argenté : Seigneur et Châtelaine, de Claude, socles en marbre et peluche.

66. — Coupe rectangulaire à anses en bronze offrant un bas-relief à sujet mythologique, signé F. Lévillain, édition de Barbedienne.

67. — Assiette de l'Inde et autre de Chine à personnages.

68. — Assiette creuse en ancienne porcelaine de Chine, décor en bleu à emblèmes, bordure sous couverte.

69. — Garniture de cheminée en bronze doré et émaillé bleu, composée d'une pendule, deux candélabres et deux flambeaux.

70. — Groupe en porcelaine d'Allemagne : l'Escarpolette.

71. — Émail représentant un vieux château avec pont, signé ROBERT.

72. — Buste en bronze : la Coquette, de H. ALLOUARD, édition de BARBEDIENNE, socle en marbre noir.

73. — Paire de lampes en émail cloisonné fond bleu turquoise à fleurs.

74. — Service à bière en grès d'Allemagne, composé d'un cruchon et de six chopes à couvercles d'étain.

75. — Plaque en faïence de Nevers, décor en haut-relief représentant un buvéur.

76. — Plat oblong, à bords contournés, en ancienne faïence de Moustiers, décor en bleu à oiseaux fantastiques.

77. — Plat rond en faïence de Strasbourg, décor à la rose.

78. — Deux assiettes en faïence des Islettes, décor à fleurs.

79. — Lustre en bronze doré à carquois, style Louis XVI.

80. — Petit lustre en bronze avec figurine d'amour.

81. — Lustre en bronze poli à huit lumières.

OBJETS DIVERS

82. — Bicyclette.

83. — Tambour marocain.

84. — Machine à écrire de REMINGTON, avec sa table en bois et fer.

85. — Service de table en faïence décorée, à trophées de musique et champêtres, de la Maison BOURGEOIS.

86. — Flambeau de jardin à deux branches, en cuivre et cristaux.

OBJETS DE VITRINE

87. — Cinq pièces de monnaies anciennes en or.

88. — Trois épingles de cravate en or, camée, turquoise et médaille, montés à griffes.

89. — Rivière en argent doré composée de quarante-deux cailloux du Rhin, montés à griffes.

90. — Chaîne sautoir en argent doré ornée de pierres vertes.

91. — Deux boucles anciennes, en argent faceté.

92. — Face à main en écaille.

93. — Éventail en écaille claire, feuille en Chantilly à petits amours.

94. — Fume-cigarettes en ambre, avec mouche en pierre de couleur.

95. — Quatre salières en cristal, montures en vermeil, style Louis XVI.

96. — Paire de pendants d'oreilles en or.

97. — Deux petites salières doubles, en porcelaine de Saxe.

98. — Cimeterre en cuivre doré, avec son ceinturon, ornés de pierreries.

99. — Quatre tasses et soucoupes, en porcelaine de Saxe Marcolini, à volatiles.

100. — Broche forme Triboulet, enrichie de rubis et de perles.

101. — Service à café et à thé, en porcelaine de Saxe, époque Charles X.

102. — Deux brochettes en argent, surmontées d'animaux.

103. — Bouilloire sur son pied, en métal argenté de Christofle.

104. — Six verres et plateau en verre bruni et gravé de Bohême.

105. — Deux émaux représentant saint Ignace et saint Dominique.

106. — Deux miniatures encadrées : *Indiscret* et *Marchez tout doux*, d'après BEAUDOUIN.

107. — Petit coffret en verre marbré bleu, monture en cuivre doré, Ier Empire,

LIVRES

108. — Environ 500 volumes reliés et brochés parmi lesquels les œuvres de Victor Hugo, Balzac, Mme de Sévigné, Racine, Malte-Brun, About, A. de Vigny, Sainte-Beuve, etc.

TENTURES

109. — Tableau en tapisserie au point : groupe de bretons.

110. — Deux rideaux en soierie verte de Chine, brodée à fleurs, avec bandeau.

111. — Deux décors de croisées en velours rouge de Gênes sur fond crème.

112. — Trois coussins en étoffe ancienne.

113. — Panneau en étoffe appliquée de personnages en broderie japonaise.

TABLEAUX, AQUARELLES, DESSINS, GRAVURES

ANTONIN (C. DE)

114 — *La Leçon chez le Cardinal.*

BOUHET

115 — *Devant le Portail.*

Signé à gauche.

CALDERON

116 — *Le grand Canal à Venise.*

COMPTE CALIX (F.)

117 — *La Dispute.*

Aquarelle.

DELPY (C.)

118 — *Paysan breton au repos.*

DUFEU (E.)

119 — *Vue de Venise.*

DEULLY (Eug.)

120 — *Femme du Directoire à la Fontaine.*

DUPUIS (Félix)

121 — *Femme allégorique.*

Sanguine.

FALÉRO (d'après)

122 — *Les Étoiles filantes.*

Gravure sur soie.

GAMBERINI

123 — *Femme nue lisant.*

GRÉVIN

124 — *Pourquoi qu'il m'a appelé Gandin*

Dessin.

ISABEY

125 — *Sortie de l'Église.*

Aquarelle.

INNOCENTI

126 — *Le Déjeûner du Mousquetaire.*

LAISNÉ (A.)

127 — *La Ménagère.*

128 — *La jeune Paysanne.*

Deux aquarelles se faisant pendants.

LA LYRE (Ad.)

129 — *Baigneuses sous Bois.*

MILLET (Attribué à J.-B.)

130 — *Rue de village.*

Dessin au crayon.

PETIT (Eug.)

131 — *Fleurs.*

PILARÈS

132 — *Soldats espagnols.*

Aquarelle.

PASCAL

133 — *Vues d'Afrique.*

Deux aquarelles se faisant pendants.

ROUBY (A.)

134 — *Violettes de Parme.*

RAL (d'après H.)

135 — *Junon aux pieds de Vénus.*

Belle pièce en couleur.

SPIREDON

136 — *Baigneuse.*

Peinture sur glace. — Cadre en bois sculpté avec fronton à tête d'enfant (époque Louis XIV).

TÉNIERS (attribué à)

137 — *La Danse champêtre.*

VOILLEMOT

138 — *La Nuit.*

Provient de la vente de l'artiste.

ÉCOLE FRANÇAISE

139 — *Paysages avec cours d'eau.*

Deux petites gouaches se faisant pendants.

ÉCOLE FRANÇAISE

140 — *Pâtre et Baigneuse.*

ÉCOLE FRANÇAISE

141 — *Causerie champêtre.*

ÉCOLE ITALIENNE

142 — *L'Adoration de l'Enfant Jésus.*

ÉCOLE ITALIENNE

143 — *Léda et le Cygne.*

ÉCOLE MODERNE

144 — Six petits dessins, sujets divers, signés par différents artistes, dans un même cadre.

145 — Objets omis.

www.ingramcontent.com/pod-product-compliance
Ingram Content Group UK Ltd.
Pitfield, Milton Keynes, MK11 3LW, UK
UKHW021034260726
13994UKWH00005B/2134